BEI GRIN MACHT SICH IHR WISSEN BEZAHLT

- Wir veröffentlichen Ihre Hausarbeit, Bachelor- und Masterarbeit

- Ihr eigenes eBook und Buch - weltweit in allen wichtigen Shops

- Verdienen Sie an jedem Verkauf

Jetzt bei www.GRIN.com hochladen und kostenlos publizieren

Bibliografische Information der Deutschen Nationalbibliothek:

Die Deutsche Bibliothek verzeichnet diese Publikation in der Deutschen Nationalbibliografie; detaillierte bibliografische Daten sind im Internet über http://dnb.d-nb.de/ abrufbar.

Dieses Werk sowie alle darin enthaltenen einzelnen Beiträge und Abbildungen sind urheberrechtlich geschützt. Jede Verwertung, die nicht ausdrücklich vom Urheberrechtsschutz zugelassen ist, bedarf der vorherigen Zustimmung des Verlages. Das gilt insbesondere für Vervielfältigungen, Bearbeitungen, Übersetzungen, Mikroverfilmungen, Auswertungen durch Datenbanken und für die Einspeicherung und Verarbeitung in elektronische Systeme. Alle Rechte, auch die des auszugsweisen Nachdrucks, der fotomechanischen Wiedergabe (einschließlich Mikrokopie) sowie der Auswertung durch Datenbanken oder ähnliche Einrichtungen, vorbehalten.

Impressum:

Copyright © 2014 GRIN Verlag, Open Publishing GmbH
Druck und Bindung: Books on Demand GmbH, Norderstedt Germany
ISBN: 9783668329539

Dieses Buch bei GRIN:

http://www.grin.com/de/e-book/343099/transformationsprozesse-des-oeffentlichen-raums-im-kontext-der-stadtschrumpfung

Fabian Schönrock

Transformationsprozesse des öffentlichen Raums im Kontext der Stadtschrumpfung in Ostdeutschland

Fallbeispiel Wolfen

GRIN Verlag

GRIN - Your knowledge has value

Der GRIN Verlag publiziert seit 1998 wissenschaftliche Arbeiten von Studenten, Hochschullehrern und anderen Akademikern als eBook und gedrucktes Buch. Die Verlagswebsite www.grin.com ist die ideale Plattform zur Veröffentlichung von Hausarbeiten, Abschlussarbeiten, wissenschaftlichen Aufsätzen, Dissertationen und Fachbüchern.

Besuchen Sie uns im Internet:

http://www.grin.com/

http://www.facebook.com/grincom

http://www.twitter.com/grin_com

Johann Wolfgang Goethe–Universität Frankfurt am Main

Institut für Humangeographie

Hausarbeit

Thema: Transformationsprozesse des öffentlichen Raums im Kontext der Stadtschrumpfung in Ostdeutschland am Beispiel Wolfen

Seminar Humangeographie – Geographische Stadtforschung
Sommersemester 2014

Fabian Schönrock

Abgabetermin: 17.08.2014

Gliederung

1. Vorhaben und Themenschwerpunkte   S. 3-4
2. Ausgangspunkt und Relevanz des Themas   S. 4
3. Transformationsprozesse in Ostdeutschland nach 1989   S. 5
4. Konzepte gegen Stadtschrumpfung   S. 6
5. Folgen der Stadtschrumpfung für den öffentlichen Raum   S. 7
      5.1 Dezentralisierung der Städte nach Wolfgang Kaschuba   S. 7-8
      5.2 Sozialräumliche Folgen der Schrumpfung am Beispiel Wolfen   S. 8-11
6. Fazit   S. 12
7. Literaturverzeichnis   S. 13-14

1. Vorhaben und Themenschwerpunkte

Das Phänomen der schrumpfenden Stadt wurde in den 1970-er Jahren noch kommunalpolitisch ignoriert. Gegenwärtig hat sich der Stadtentwicklungstyp „schrumpfende Stadt" seit mehr als 30 Jahren in Ostdeutschland ausgeweitet (Hannemann 2004: 113).
Unabhängig von der Lage, Größe, wirtschaftlichen Basis, Geschichte und des administrativen Status, zeigen sich wirtschaftliche und soziale Folgen der Wende fast überall in Deutschland.
Das Phänomen „Schrumpfung" hat sich dabei seit der Wende zu einem dauerhaften Problem entwickelt. Der mit der Wende einher gehende wirtschaftliche Strukturwandel, führte zu massiver Arbeitslosigkeit, massivem Bevölkerungsrückgang und einer Deurbanisierung (Glock 2006: 37).

In meiner Hausarbeit werde ich im Zusammenhang mit dem ostdeutschen Transformationsprozess von der Planwirtschaft zur sozialen Marktwirtschaft und den daraus resultierenden Veränderungen auf den öffentlichen Raum, der Frage nach Konzepten gegen Stadtschrumpfung nachgehen.

Diese Analyse nach Konzepten dürfte für das Thema deshalb relevant sein, da sich ostdeutsche Städte kaum noch durch Zuzüge oder eigenen Nachwuchs reproduzieren. Hierbei stellt sich auch die Frage nach der Perspektive ostdeutscher Städte, deren Bürger mehrheitlich alt sind und immer älter werden.

Ob die Konzepte das Problem der Stadtschrumpfung erfolgreich lösen können oder ob es damit lediglich bei einem Versuch bleibt, diesem Problem entgegenzuwirken, wird im Zuge meiner Ausführungen näher beleuchtet.

Im Verlauf meines Essays möchte ich nach der Erläuterung der Transformationsprozesse in Ostdeutschland und der Konzepte gegen die Stadtschrumpfung, die Folgen für den öffentlichen, innerstädtischen Raum aufzeigen. Hierbei möchte ich mit der These arbeiten, dass Städte sich dezentral entwickeln, transformieren und die Gestalt von Landschaften annehmen. Hierzu werde ich am Beispiel der sächsisch-anhaltischen Stadt Wolfen-Bitterfeld argumentieren. Die daraus entstanden physischen und sozialräumlichen Folgen, welche ich dabei beschreiben werde, sollen den abschließenden Rahmen bilden, um die These der Dezentralisierung zu belegen und die Bedeutung des Verlustes an innerstädtischem Leben und damit an öffentlichem Raum zu verdeutlichen.

2. Ausgangspunkt und Relevanz des Themas

Zunächst wird es in meinen Ausführungen interessant sein zu erfahren, weshalb die Schrumpfung von Städten einer Diskussion bedarf und warum dieses Thema nicht nur relevant, sondern auch als problematisch zu betrachtendes Thema gilt. Hierbei beziehe ich mich auf den Beitrag „Die schrumpfende Stadt und die Stadtsoziologie" von Häußermann und Siebel, aus den 1980-er Jahren. Sie bezeichneten die schrumpfende Stadt als einen neuen Gegenstand stadtsoziologischer Forschung (Häußermann, Siebel 1988: 79, zit. n. Lang ,Tenz). Dabei beobachteten sie Einflussfaktoren, wie z.B. die Beschäftigungs- und Bevölkerungsentwicklung. Bei den festzustellenden Schrumpfungsprozessen dieser Faktoren, sprachen beide von einem neuen Stadtentwicklungstyp, weil die damit verbundenen Probleme keine einmalige Einzelerscheinung darstellten.

3. Transformationsprozesse in Ostdeutschland nach 1989

Während Städte in der ehemaligen BRD vorwiegend durch den Wechsel von Industrie orientierter Wirtschaft, zu Dienstleistung orientierter Wirtschaft betroffen waren, erweiterte sich die Problematik der wirtschaftlichen Anpassung für ostdeutsche Städte zusätzlich.

Neben dem Strukturwandel weg von der Industrieökonomie, hin zur Dienstleistungsökonomie, musste laut Lang und Tenz (2003: 78) im Zuge der Transformation, innerhalb kürzester Zeit das Wirtschaftssystem der DDR, an die aktuellen Marktbedingungen und Wirtschaftsstrukturen angepasst werden.

Daher sprechen Lang und Tenz vielmehr von einem Strukturbruch der ostdeutschen Wirtschaft, als von einem Wandel.

Resultat diesen Wandels, war eine große Unsicherheit innerhalb der Bevölkerung, die sich in sinkenden Geburtenraten niederschlägt. Hinterfragt wurde die berufliche und finanzielle Lebenssituation, da zum einen Unternehmen dem neuen Wettbewerbsdruck Stand halten mussten und Auftraggeber verloren, und zum anderen die Währungsumstellung von Ostmark in D-Mark beschlossen wurde. Letzterer Aspekt wurde mit Sorge betrachtet. Die ostdeutschen Haushalte spekulierten darüber, ob das eigene Vermögen und Gehalt deutlich geringer wird, oder gar verloren geht.

Mit der Erwartung und dem Wunsch nach finanzieller Sicherheit, migrierte ein Großteil der ostdeutschen Bevölkerung in die alten Bundesländer. Dies geschah in der Hoffnung, mehr Geld zu verdienen und eine größere Auswahl an sicheren Arbeitsplätzen vorzufinden. Diejenigen, denen es finanziell gut ging, jedoch in den neuen Bundesländern bleiben wollten, migrierten entweder auf eigenen Wunsch oder aufgrund der schwierigen Flächensituation innerhalb der Stadt, in das nähere Umland.

4. Konzepte gegen Stadtschrumpfung

Architekten und Städteplaner verstehen Eingriffe in schrumpfenden Städten vorrangig als Rückbau. Diese Maßnahme wird mit dem Konzept ,,Stadtumbau" beschrieben, welches darauf zielt, mit dem Abriss von Wohnungen den Wohnungsmarkt zu bereinigen, um danach in marktwirtschaftlichen Konkurrenzsituationen bestehen zu können (Hannemann 2004: 123).

Durch die Schrumpfung von Wohnraum soll zwar Wachstum erzeugt werden, jedoch beschränkt sich die Problematik der Schrumpfung lediglich auf den Wohnungsmarkt, anstatt die Auseinandersetzung mit fehlendem Wachstum außerhalb des Wohnungsmarktes zu suchen.

Der Strukturabbau in Ostdeutschland hat eine hohe Zahl an Brachflächen hinterlassen, wie z.B. Militär-, Administrations- und Industrieflächen.

Der hier entstandene Leerstand liegt jenseits der wohnungswirtschaftlichen Problematik. Der euphemistische Begriff ,,Umbau" spiegelt also nicht die Realität der schrumpfenden Urbanität durch Abriss von Wohnungen wieder.

Der Begriff ,,Stadtumbau" stellt im politischen Sprachgebrauch daher nur eine Verharmlosung dar, um das Problem der Schrumpfung handhabbar zu gestalten (Keim 2001: 18).

Daher schlägt Keim vor von Regenerierung, anstatt von Stadtumbau zu sprechen (ebd.: 18).

Das Stadtumbauprogramm-Ost als Konzept gegen Stadtschrumpfung ist zudem kritisch zu betrachten, da die lokalen Entscheidungsträger kaum Einflussmöglichkeiten über die Bereitstellung von Fördermitteln haben. Die Entscheidung über den Abriss von Wohnungen liegt bei kommunalen Wohnungsunternehmen.

Somit ist es fraglich, ob die Individualisierung der Lebensperspektiven von ,,Stadtumbau" berücksichtigt wird (Hannemann 2004: 126).

5. Folgen der Stadtschrumpfung für den öffentlichen Raum

Im Verlauf meiner Ausführungen zu den Folgen von Stadtschrumpfung für den öffentlichen Raum, möchte ich die Argumente für eine Dezentralisierung des Urbanen sichtbar machen.
Hierbei möchte ich die Theorie der Zentralität des Städtischen von Henri Lefebvre auf ihre Gültigkeit prüfen. Dies werde ich anhand der These von Wolfgang Kaschuba zur Dezentralisierung der Städte im Kontext der Schrumpfung und der Folgen von Schrumpfung am Beispiel Wolfen untersuchen.

5.1 Dezentralisierung der Städte nach Wolfgang Kaschuba

Die Definition des Städtischen von Henri Lefebvre verweist auf einen zentralen Aspekt, welcher mit der Form der Zentralität erklärt wird.
Zentralität bedeutet für Lefebvre eine Stadt mit Zentrum, in der eine Situation geschaffen wird, in der Dinge nicht länger getrennt voneinander existieren (Schmid 2011: 32).
Im späteren Verlauf meiner Ausführungen wird genau diese Definition auf die Probe gestellt werden.
Die Stadt bezieht sich laut Lefebvre nicht einfach auf die Wiederherstellung der alten Stadtzeichen, sondern auf Teilhabe am urbanen Leben, auf erneuerte Zentralität, auf Orte des Zusammentreffens und des Austausches, auf Lebensrhythmen und die Verwendung der Zeit, die einen vollen und ganzen Gebrauch dieser Orte erlauben (ebd.: 27).

Im Zuge der Schrumpfung von Städten verwies allerdings Wolfgang Kaschuba darauf, dass sich Städte dezentral entwickeln (Kaschuba 2004: 41).
Dies begründet Kaschuba zum einen mit der Suburbanisierung, die eine Transformation der Stadt bewirkt. Bei dieser Transformation nehmen die Städte die Gestalt von Strukturen und Landschaften an. Zum anderen erklärt Kaschuba den Vorgang der Dezentralisierung, mit dem Wandel der Stadtbürgergesellschaft. Aufgrund neuer Arbeitsplatzsituationen erfolgt eine Fragmentierung der Stadtgesellschaft, die er als Differenzgesellschaft mit sozialen Unterschieden und kultureller Abgrenzung charakterisiert (Kaschuba 2004: 43).

Diese Sichtweise von Kaschuba steht im Gegensatz zu der Überlegung von Lefebvre, welcher in der Stadt keine soziale Ausgrenzung und keinen Ausschluss von Individuen sieht. Lefebvre sieht in der Stadt die Zentralität durch den Zugang an materiellen und immateriellen Ressourcen gewährleistet. Hierzu zählen Freiheiten, Bewegungsmöglichkeiten, städtische Kultur und die Aneignung des öffentlichen Raumes. Ob der Gedanke der Zentralität der Stadt von Lefebvre stets Gültigkeit besitzt, oder Städte sich nach Meinung von Kaschuba im Kontext der Schrumpfung auch dezentral entwickeln können, werde ich nun am Beispiel der sächsisch-anhaltischen Stadt Wolfen-Bitterfeld analysieren.

5.2 Sozialräumliche Folgen der Schrumpfung am Beispiel Wolfen

Im gegenwärtigen Schrumpfungsprozess der ehemals eigenständigen, in Sachsen-Anhalt befindlichen Stadt Wolfen, findet Wohnen zwischen Aufwertung und Investitionsstillstand statt. Mit dem Schrumpfungsprozess vor Ort ist ein Anwachsen von Wohnungsleerständen verknüpft, welcher die Rahmenbedingungen für Aufwertungen veränderte. Verbesserungen in die Wohnqualität fanden Ende der 1990-er Jahre ein Ende (Peter 2009: 128).

Seitdem lag die Konzentration auf der Reduzierung von Wohnbeständen seitens der Stadtplaner. Zunehmender Leerstand und begrenzte Handlungsmöglichkeiten der Vermieter gelten als Ursachen für eine begrenzte Zukunft der Wohngebiete.

Auf Seiten der Mieter besteht in der Wohnproblematik eine Ambivalenz. Auf der einen Seite sind Investitionen in den Wohnbestand dringend notwendig, auf der anderen Seite besteht die Angst vor einem dafür notwendigen Abriss und einer Mieterhöhung infolge einer Aufwertung.

Verbliebene Mieter, die keine Aufwertung ihres Wohnblockes erfahren, müssen mit mangelhafter Wärmedämmung, hohen Heizkosten, Reparatur bedürftigen und alten Balkontüren, sowie heruntergekommenen Hausfluren leben (Peter 2009: 129).

Viele Wohnungen in Wolfen sind nicht altersgerecht. Dies zeigt sich anhand nicht vorhandener Aufzüge, die einen hohen zeitlichen und körperlichen Aufwand bedeuten, zu hohen Badewannen und zu schmalen Bädern, welche die Bewegungsfreiheit einschränken. Die Gefahr von ausbleibenden Investitionen, die auf ökonomische Beschränkungen und Unsicherheiten zurückzuführen ist, wird zudem durch eine hohe Zufriedenheit einiger verbliebener Bewohner gerechtfertigt (ebd.: 136). Diese gehören zur Erstbezugsgeneration der Bewohner und zeichnen sich durch ein jahrzehntelanges Leben im Gebiet aus. Dabei wurde der gesellschaftliche Aufstieg in der Wohnung miterlebt, eine Familie gegründet und Arbeit aufgenommen, so dass persönliche Erinnerungen mit dem Wohngebiet verbunden sind.

Neben der physischen Gestalt der Wohngebiete, ist auch das Wohnumfeld in Wolfen einem Wandel unterworfen. Während die Bevölkerungszahl dort jährlich sinkt, weiteten sich die Einzelhandelsflächen in den 1990-er Jahren konträr aus (ebd.: 139). Discounter investierten hierbei in Standorte, deren Zukunft als Wohnort skeptisch zu betrachten war. Somit standen Einkaufsmöglichkeiten zur Verfügung, deren Anzahl und Größe für eine höhere Bevölkerungszahl ausgelegt war. Discounter wurden seitens der Bevölkerung als akzeptierte Einkaufsmöglichkeit anerkannt. Aufgrund des dort stark Preis orientierten Ausgabeverhaltens und der damit einher gehenden Abnahme von Qualität und Vielfalt der Angebote für das Konsumverhalten, schlossen traditionelle Läden aufgrund der Konkurrenz neuer Einrichtungen. Durch weitere Bevölkerungsschrumpfung verwahrlosten alte Standorte und wurden nicht mehr genutzt. Mit dem Niedergang traditioneller Standorte veränderte sich die Erreichbarkeit zu Handels- und Dienstleistungseinrichtungen wie z.B. zu Ärzten, Friseuren und Geschäften, die nicht mehr in unmittelbarer Nähe existieren.

Henri Lefebvre forderte in seinem Konzept der Zentralität der Stadt, spezifische städtische Qualitäten und einen Zugang zu Ressourcen der Stadt für alle Teile der Bevölkerung (Schmid 2011: 27). In Wolfen-Bitterfeld ist dieser Zugang jedoch nicht für alle Teile der Bevölkerung gegeben. Durch den flächendeckenden Rückbau vom Rand zur Mitte der Stadt, wurden die vorher integrierten Versorgungseinrichtungen von der Wohnbebauung abgekoppelt (Peter 2009: 141).

Mit dieser Maßnahme liegt zwar der Fokus auf eine Entwicklung, die auf das Zentrum der Stadt zugeschnitten ist, allerdings geht diese Entwicklung auf Kosten der Wohnbevölkerung am Rand der Stadt. Die Zukunft der Einkaufsmöglichkeiten ist mit der Perspektive der Umgebung als Wohnort verknüpft. Somit sind also auch Einkaufszentren von den Anpassungsprozessen an die Stadtschrumpfung betroffen.

Des weiteren besteht eine Verunsicherung über die zukünftige Gewährleistung der Versorgung. Angesichts des demografischen Wandels wird die Leistungsfähigkeit und Bezahlung des Gesundheitswesens hinterfragt (ebd.: 146).
Gegenwärtig müssen Patienten in Wolfen-Bitterfeld lange Wartezeiten und weite Wege für eine Behandlung, wie dem Röntgen oder der Mammographie, auf sich nehmen. Ebenso problematisch ist der zunehmende Fachärztemangel aufgrund fehlenden Nachwuchses zu bewerten.

Eine Herausforderung für die Lebensqualität ist auch der Erhalt der Vielfalt an Freizeit- und Kultureinrichtungen. Zudem sind die noch vorhandenen Kultur- und Freizeiteinrichtungen vorwiegend in der alten Kernstadt angesiedelt. Große räumliche Entfernungen der Großwohnsiedlungen von der Kernstadt, sorgen in Wolfen jedoch für zunehmende Probleme der Erreichbarkeit.
In Folge der Bevölkerungsschrumpfung ist zudem das Potenzial an Menschen, die gastronomische Angebote wahrnehmen können, gesunken.
Somit schlossen traditionelle Wohngebietsgaststätten aufgrund fehlender finanzieller Möglichkeiten (Peter 2009: 148).

Trotz der Bevölkerungsschrumpfung in Wolfen-Bitterfeld von 47.928 Einwohner aus dem Jahr 2007, auf 41.816 Einwohner im Jahr 2012 (Statistisches Landesamt Sachsen-Anhalt 2012), ist eine zunehmende Flächenausdehnung der Stadt erkennbar. Diese erfolgte durch eine Sanierung der Tagebau-Folgelandschaften, die Entstehung von Waldflächen und Seenlandschaften für Radausflüge und Wanderungen, sowie durch die Entstehung von Parks und Grünanlagen.
Somit wurde mehr Fläche für weniger Menschen bereit gestellt.

Defizite des Pflegezustandes des öffentlichen Raums sind dennoch bemerkbar, denn das Ausbleiben von Investitionen betrifft nicht nur den Wohnungsbestand, sondern auch den öffentlichen und halböffentlichen Raum. So ist ein Verschleiß von Gestaltungselementen des öffentlichen Raumes anhand verkommener Parkplätze, Wäscheplätze, Kinderspielplätze und abgerissener Brücken zu bemängeln.
Statt sich auf die Bestandsaufwertung zu konzentrieren, verschwinden die Wohnfunktionen in großflächigem Stil. Genau in diesen Gebieten wird die Beseitigung öffentlicher Gebäude, der Wege und Straßennetze vorgenommen (Peter 2009: 153).
Es entstehen somit Wohnfolgelandschaften ohne Nutzer, die das Erscheinungsbild des öffentlichen Raumes verändern, indem durch Wohnungsleerstände das Bild einer Geisterstadt entsteht.

Mit Einsparungen in die Kosten für die Straßenbeleuchtung seitens der Kommunen, werden zudem Angsträume produziert, die sich auf das Sicherheitsgefühl der Bewohner negativ auswirken. Diese Räume werden zu bestimmten Zeiten von rechtsextrem orientierten Jugendlichen dominiert, in denen potenzielle Feinde und Migranten angegriffen und angepöbelt werden (Siebert 2005: 152).
Insbesondere Mitglieder der rechtsradikalen Szene haben durch ihre Militanz, öffentliche Plätze zu temporären Angsträumen verwandeln können (ebd.: 151).

6. Fazit

Nach der Definition der Zentralität des Städtischen von Lefebvre, wäre die Stadt Wolfen-Bitterfeld nicht mehr städtisch. Nach der Untersuchung der gegenwärtigen sozialräumlichen Situation der Stadt im Kontext der Schrumpfung, ist Wolfen-Bitterfeld kein Ort, an dem Zwänge und Normalität aufgelöst werden, wie es Lefebvre in seinem Konzept beschreibt. Das Gegenteil ist der Fall.

Es ist zur Normalität geworden, dass die Probleme vor Ort anwachsen und der Schrumpfungsprozess weiter zu nimmt. Da der Großteil der Bevölkerung jedoch alt und nur noch eingeschränkt mobil ist, besteht der Zwang dem aktuellen Wohnort Wolfen verhaftet zu bleiben.

Nach Lefebvre ist Stadt durch Zentralität gekennzeichnet, bei der Dinge nicht länger getrennt voneinander existieren. Auch hier wurde durch das Beispiel der verschlechterten Einzelhandelsstruktur und der Freizeit- und Kulturmöglichkeiten, die von Großwohnsiedlungen abgekoppelt wurden, das Gegenteil aufgezeigt.

Dennoch ist Wolfen-Bitterfeld eine Stadt, die sich allerdings wie Wolfgang Kaschuba es feststellte, im Zuge der Schrumpfung dezentral entwickelt und deren städtische Einheiten sich im Raum parzellieren.

Es wird spannend zu beobachten sein, inwieweit diese Entwicklung weiter voran schreitet oder sie gestoppt werden kann, bevor ein Zerfall der Stadt in zusammenhanglose Fragmente erfolgt.

7. Literaturverzeichnis

Glock, B. (2006): Stadtpolitik in schrumpfenden Städten: Duisburg und Leipzig im Vergleich. 1.Auflage.In: Glock, B. (Hg.):Stadt, Raum und Gesellschaft, S.37. Wiesbaden: Verlag für Sozialwissenschaften.

Häußermann, H. und W. Siebel (1988):,, Die schrumpfende Stadt und die Stadtsoziologie". In: Kölner Zeitschrift für Soziologie und Sozialpsychologie 29, S.79.

Hannemann, C. (2004): ,,Von der sozialistischen zur schrumpfenden Stadt: Konsequenzen für Stadtpolitik und öffentlichen Raum". In: Nagler, H., R. Rambow & U. Sturm (Hg.): Der öffentliche Raum in Zeiten der Schrumpfung, S.113-126. Berlin: Leue.

Kaschuba, W. (2004): ,,Repräsentation im öffentlichen Raum. In: Nagler, H., R. Rambow & U. Sturm (Hg.): Der öffentliche Raum in Zeiten der Schrumpfung, S.40-49. Berlin: Leue.

Keim, K. (2001): ,,Forschungs- und Entwicklungsprogramm zur Regenerierung der ostdeutschen Städte. In: Keim, K. (Hg.): Regenerierung schrumpfender Städte-zur Umbaudebatte in Ostdeutschland, S.18. Erkner: Institut für Regionalentwicklung und Strukturplanung.

Lang, T. und E. Tenz (2003): ,,Abgrenzung und Einordnung der Schrumpfungsprozesse in Ostdeutschland". In:Ahrens, G. (Hg.): Von der schrumpfenden Stadt zur Lean City. Prozesse und Auswirkungen der Stadtschrumpfung in Ostdeutschland und deren Bewältigung, S.78. Dortmund: Dortmunder Vertrieb für Bau- und Planungsliteratur.

Peter, A. (2009): Stadtquartiere auf Zeit. Lebensqualität im Alter in schrumpfenden Städten. Wiesbaden: GWV Fachverlage.

Schmid, C. (2011): „Henri Lefebvre und das Recht auf die Stadt". In: Holm, A. Und D. Gebhardt (Hg.): Initiativen für ein Recht auf Stadt. Theorie und Praxis städtischer Aneignungen, S.25-52. Hamburg: VSA.

Siebert, I. (2005): „Rechtsextremismus – eine Gefahr für demokratische Stadtkultur. In: Gestring, N., H. Glasauer, C. Hannemann, W. Petrowsky & J. Pohlan (Hg.): Jahrbuch Stadtregion 2004/05. Schwerpunkt: Schrumpfende Städte, S.149-162. Wiesbaden: GWV Fachverlage.

Internetquelle:

Statistisches Landesamt Sachsen-Anhalt (2012): „Bevölkerungszahlen – Stadt Bitterfeld-Wolfen". Elektronisches Dokument.
http://www.bitterfeld-wolfen.de/de/upload/2012%20-%20Bevölkerungszahlen%20(StaLa)%20Stand%2031%2012%202012.pdf?
PHPSESSID=18f364d112c0b3d89c5dbedfde2c2906 09.08.2014.

BEI GRIN MACHT SICH IHR WISSEN BEZAHLT

- Wir veröffentlichen Ihre Hausarbeit, Bachelor- und Masterarbeit

- Ihr eigenes eBook und Buch - weltweit in allen wichtigen Shops

- Verdienen Sie an jedem Verkauf

Jetzt bei www.GRIN.com hochladen und kostenlos publizieren